AF193278

LEONES EN SARNATH

María Navarro

LEONES EN SARNATH

María Navarro

33
CAPITEL POESÍA
LA DRAGONA
Miguel Gómez Ediciones

EDITA

LA DRAGONA
Miguel Gómez Ediciones

Primera edición, junio de 2024
© María Navarro
© Miguel Gómez Peña, de las ilustraciones
© Gómez & Navarro, Comunicación, S. L.
  Paseo de Reding, 45, 1º 4A
  29016 Málaga
  tel. [34] 609 807 496
  www.ladragona.es

Impreso en España
ISBN: 978-84-126259-3-6
DEPÓSITO LEGAL: MA 1979-2024

A mi madre que permitió este largo viaje

I

Tras un cielo rasgado de los pájaros
de luto para sellar la muerte estoy en Delhi
lloran los parques la brevedad del alba
arranca a la tristeza la dicha del paisaje
mientras pelea el monzón la orfandad de la
lengua
Delhi
mil gotas bordan el amanecer y ajeno a mi dolor
el dolor de otras hambres dibujan por fin
la salida del sol.

II

Mi madre ha muerto
el tiempo ya no es el de la brisa
o el del mar arrancándole nostalgias
un mapa donde pensar la vida
mi madre ha muerto y tomo entre las
manos sus cenizas
como si fuera talco mis dedos la acarician
y en ese polvo blanco que el recuerdo asesina
un trazo se perfila de familiar enigma
la niñez escondida la soledad opaca
el miedo la ternura
heridas que dejaran palabras imborrables
esa astucia fugitiva del equívoco
sonajero del tiempo
un poco más me digo!
pero es la muerte quien otorga despacio
la joya que golpea la nave de la dicha
estoy en Delhi
aún en mí el último fervor de su caricia
un resplandor en ese litoral que apresurase
su último tacto para el aire.

III

La densidad de los aromas
el sudor de la carne violada por la bruma
los cuerpos que susurran su desmayo
tintan de púrpura la trama del calígrafo
su infierno
y hiere la cordura el bucle de las voces que
en silencio copulan
meandros del deseo para velar nostalgias
clarea en Connaught Place
envuelve la gracia vespertina
el frenético camino hacia la nada
en su clamor
un destello de jazmines nos descifra
estoy en Delhi
tan cerca y tan lejos ya
todo es posible en Delhi
porque la muerte descansa en sus costados
dientes blancos sobre tostados rostros me dan
la bienvenida
y es posible reír sin la metáfora.

IV
Old Delhi Station

Llega el porvenir perdido en los andenes
cabalga entre las voces de mil madres
en el eco que golpea con precisión de tiempo ido
en mi cuerpo húmedo en la soledad que espera
en el miedo de un tiempo que es inútil
cual agua de naufragio el porvenir abraza
vociferan los dioses mientras vigilan los raíles
y soy en su bramido anticipado maquinista
fantasma que asustará a la noche
el latido de un verbo para siempre que
ya fuera.

V

En India hay trenes para abolir la soledad
trenes como pueblos
trenes que arrancan su nostalgia a la calima
ese resto de goce que se vuelve promesa
desplegando la risa y su fulgor
trenes para vencer la duda
mientras el sol destiñe la historia en su
ignorancia
cenizas de la verdad con mansedumbre
un invento de tácita obediencia que late
sobre el imperio del mundo
trenes del loto equivocado
del infierno arrebatado a las entrañas
trenes de tiernos relojes y alas abatidas
donde la próxima parada será escarcha
y el rugido del aire
trenes donde la última estación
esa sin nombre no engaña al paisaje.

VI

En Ladakh hay que morir un poco
dejar que la montaña te vierta su veneno
que silbe en las orejas su misterio
de mil albaricoques bajo el sol
mentira de la tarde
un sueño de adiós liviano que perfila el tambor
mientras traza una línea en los ojos de Buda
herida bajo la luz que ciega y velan los párpados
puñales en la tierra que ocultan las trompetas
llamando a la oración
en Ladakh vive el silencio que talla el Karakórum
la letra del principio del mundo que
derrama su lamento de ave moribunda
mi dolor
el latido abrumado de nuestro corazón que le
pregunta por tan largo viaje
en Ladakh
el silencio oscuro y apretado que responde.

VII

En el techo del mundo
camino del Valle de la Luna
como frágiles cometas planean los ánsares
vuelan ajenos
no se saben mirados en la tarde rabiosa
mientras sellan sus pupilas la carroña
huesos destrozados
son los huesos de la memoria que murmura
y envía su tormenta en esta inmensidad que
arrastra mis atajos
libertad de sus bocas mastican en el cielo la
hierba que no existe
vacían de sus ojos la verdad que me perturba
en el techo del mundo
soy un pájaro también incauto de la muerte.

VIII

Hoy en Lamayuru he visto a mi madre
camina junto a las gacelas grabadas
en la piedra al pie del templo
le daba vueltas a la rueda de la vida
parecía complacerse
le daba vueltas a su ausencia en mi cuerpo
a las esquinas oxidadas que esconde la memoria
no ser ya más suspiro de una tierra lejana
inaccesible
ni palabra silenciosa escalpelo de la culpa
mil arrugas duermen en la piel de su rostro
se funden para siempre en Cachemira
no habrá más paralelos
pero descansará en mi voz su fuerza
también la de su astucia
erradicaré para siempre su tristeza
la de febrero y marzo
esa que escribiera sobre el mar
bajo la mirada de buda a la sombra de la estupa
en Lamayuru
mientras la montaña repite letanías
la letra sin sentido que me nombra
mi madre muerta ha vuelto a morir en el ocaso
y he podido llorar.

I X

A los pies de Alchi llega la noche con su
cortina misteriosa
serenidad y brillo en los albaricoques secos
también en los manzanos y
en la larga estola de polvo de la muerte
bajo el policromado cielo
donde los pájaros del viento descansan su
distancia la paz traza una línea
y permanezco intacta en la fractura que
interroga
no hay palabra para sellar el verbo
en este angosto valle
bajo las duras montañas que se llevan el
espejismo de tu cuerpo
germinará la vida el hueso equidistante
su canto en otro cuerpo
en este angosto valle podré decirte adiós
brindar mi duelo
al insensato sueño ya nunca vespertino.

X

Entré a escondidas para llevarme su mirada
para atrapar la tinta impresa en sus pupilas
su estático equilibrio inmune al tiempo
los ojos entornados
ajenos al placer de la codicia
al corazón que gime la huella del deseo
al sexo esa flor blanca anhelo del no saber
o de los mondos huesos de los muertos que
hablan
entré a escondidas respiré un olor a aceite
rancio
la devoción perenne la llama que no cesa
verdugo del acero que huye entre tinieblas
entré a escondidas
creí burlar la prohibición la ley demoledora
latido del guardián negro agujero
pero estaba allí
con el monje que duerme o hace que duerme
quizá sin cuerpo
solo un estallido carmesí
sin amor ni penitencia contemplándome.

XI

En lo alto del templo
bajo los tejados dorados de Tiksey
donde no alcanza la mano y la mirada ciega
rezan los monjes al clamor del *dungchen*
de los cien labios de los hijos del vestido
escarlata
recogeré su soplo me besará la brisa.

XII

Detrás de los árboles asoma el Stok Kangri
el susurro del viento parece que me llama
cierro los ojos y me dejo mecer
duele el aire un poco en las mejillas.

XIII

Todo es amarillo en Bada Bagh
el polvo que seca la garganta
el surco que dejan los insectos
el femenino sol que pone nombre al
cenotafio
y el hierro del crepúsculo que clava
su daga abriendo en el corazón una
hemorragia
amarilla la sangre que declina una línea
piedra sobre piedra ya palacio
puedo ver como bailan las mujeres
como sus pechos amamantan las sombras
y a los hombres gritando su ignorancia
como la memoria grita ese tiempo pasado
que cobra su pitanza
la moneda amarilla la voz desconocida
el inmortal deseo que clava sus garras
en Bada Bagh
bajo el vuelo triunfal de los murciélagos
los cuerpos enlazados la respiración haciendo
trampa.

XIV

Ciega Jaisalmer como un metal precioso
la inventó la mañana
barro esculpido acaricia en su relieve
un tiempo de princesas encerradas
susurran en mi oreja la herida de su
sexo
pues no son estatuas las estatuas
ni solamente huellas las voces que me dicen
suspiros de la seda no saben que están muertas
ni que su amor quedó perdido para siempre
en la ilusión de arena que labró sus murallas.

XV

Como un precioso animal para la guerra
acuchilla el crepúsculo tu brocado de ámbar
Jaipur
sobre magníficos lomos de elefante
en el horizonte suenan finísimos los cláxones
en los parques ejecuta la muerte su lujuria
huella sin sentido
mientras desfila cruel el glamur del pasado
rezo silencioso
cae la noche herida en mi plegaria
que te ofrezco sin retorno en un lamento
también mi admiración mi sueño
bajo la mirada dulce profunda de los bueyes
y la risa entrecortada de las vacas.

XVI

Puedo escuchar como crujen los mangos
como abren su vientre
el sabor del deseo como nerviosos insectos de
las flores
no importa el griterío ni el barro ni las ratas
solo el caos en el Palacio de los vientos
la silueta escondida que deja en los tejados
fantasmas de novicia donde el pudor escapa.

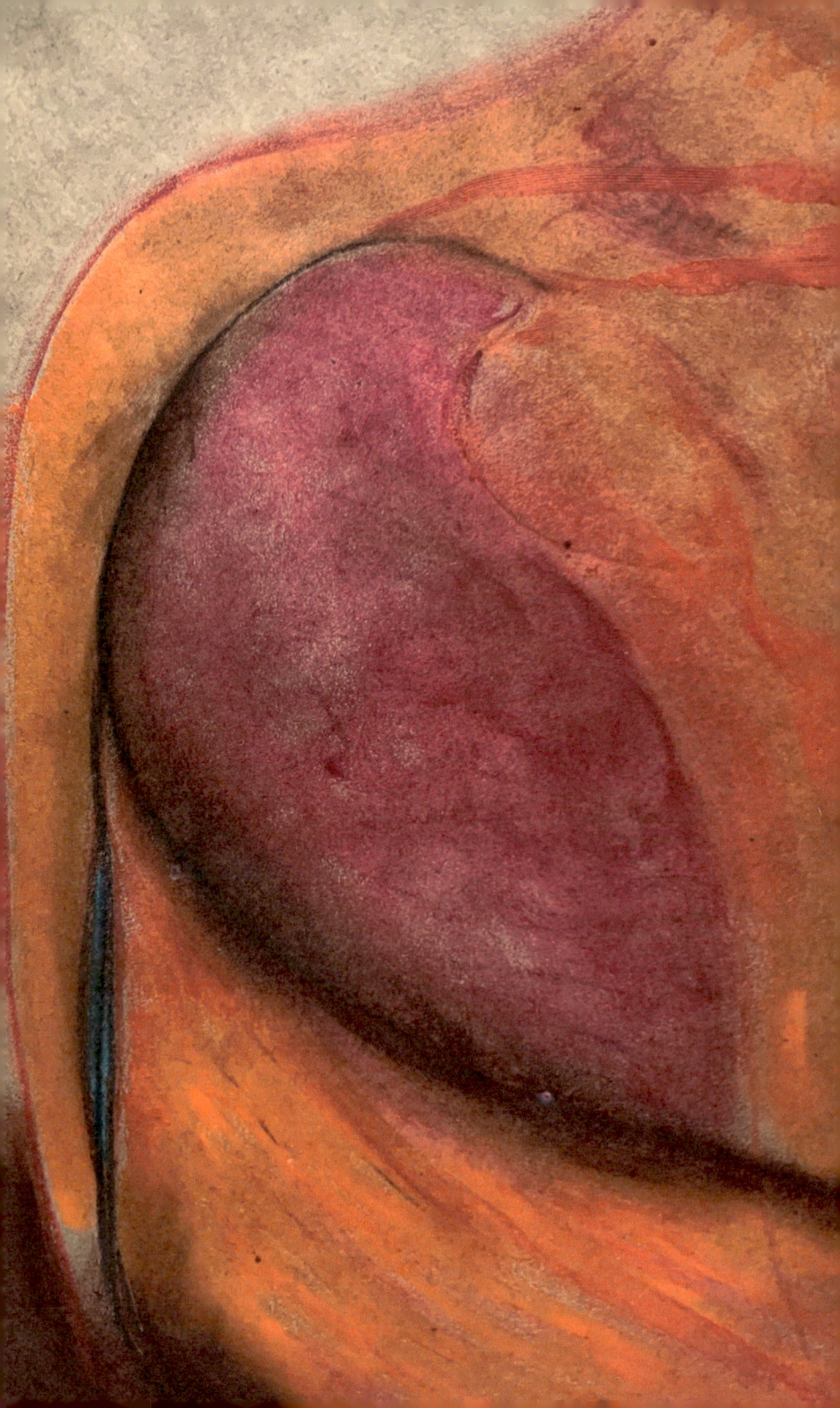

XVII

Mewar oh Mewar fronda secreta
sueña la filigrana de elefantes en Jag Mandir
de mármol transparencia las barcas del imperio se
        contonean en los muelles
hay bullicio
mujeres que mojan sus piernas en los *gaths*
flotan las flores junto a restos de hierba
rosas de idiomas imposibles
suciedad en el asfalto tierra en las fuentes
un prodigio de cúrcuma en el aire
y te siento mogol en mi camino
en la estancia que refulge blancas lunas
siento el llanto el amor de tus conquistas y
la sangre
y recibo la noche
la recibo a solas por las solas estancias y sus oros
te prefiero en la noche te descubro en la noche
mogol
porque es amable la soledad sin ser de gozo
porque es amable saber al fin lo que no fuera
en Udaipur mogol diciendo adiós como tú
para siempre mogol en este abrazo.

XVIII

A ciento cuarenta kilómetros por hora
el *Ambassador* sortea los rumiantes
duele en los cuerpos el monzón y
la estela de agua que dejan los camiones
los cristales palpitan noche de bueyes que ignoran
a los hombres
eclipsa el sudor de los gigantes que llegarán a Bombay
al amanecer
a ciento cuarenta kilómetros por hora el canto de
        los peregrinos bajo negros paraguas con sus
        dhotis pegados
a la piel
caminan sin preguntas por el fango
a ciento cuarenta kilómetros de los ciento cuarenta
        kilómetros de los ciento cuarenta kilómetros de
ser ofrecerán al dios su goce
mientras tú y yo tras las ventanas de un *Ambassador*
a ciento cuarenta kilómetros por hora descubrimos
la lluvia.

XIX

No sé cuando me alcanzará la muerte
he venido a este horizonte a despedirla
pero quisiera descansar en este lecho
siempre ciudad de la victoria
en su letargo de húmedas raíces
de ménsulas y cúpulas donde encarnar
las voces
nudos de verdad ecos de destierro
a tus columnas delatoras hoy me abrazo
esqueleto que clama tu arenisca
aunque esconda la belleza la muerte
me digo la belleza perdura
no sé donde vendrá a llamarme
seguro estaré lejos
pero al fin cuando otro mapa me brinde
su cobijo
desearé su tacto un poco entre las sombras
aun ya muerta aun sin la nostalgia.

XX

No hay ciudades terribles
ni fronteras que se alejen del exilio
lo he visto esta mañana en unos ojos
oscuros como la noche
no hay ciudades ni campos donde
nombrar la muerte
solo el verbo que dice
la verde calma que duerme en el *baori*
el pozo donde habitar la vida
paz que bulle en la furia
de haber soñado tanto y tan ajenos
no hay ciudades ni cielo para el olvido
sino pueblos donde saber en la tibieza
que la espera es siempre vana y
vacía de cordura la palabra libertad.

XXI

Hay que aspirar sin miedo
la fragancia mohosa de la jungla
de sus flores podridas
del bochorno asfixiante anunciando
dulzón el sopor del verano
las sombras de los cuerpos flotando
aletargadas
soñando una promesa que es la noche
en un charco de dicha diciendo sí
porque es un calor maravilloso.

XXII

No me sobrecogen los cerdos
conquistando la basura en el amanecer de
Benarés
ni el naranja raído que aprieta la cintura
de fe ciega
ni el rito incorporado en los cuerpos que
son agua en el río
cuerpos de cenizas y de luz
no me sobrecoge el Ganga enfadado
ni los búfalos en caravana por el barro
camino del *ghat* Assi
tampoco la flor extraordinariamente blanca
flotando en las orillas de Manikarnika
sino la mano infantil que extiende su mano y
te mira
mientras se acaricia la piel embadurnada
de una mansa muerte.

XXIII

Sucios de fango los *ghats* de Vārāṇasī
hace sombra el farol del hombre que se esfuma
desaparecer desaparecer
con el torso desnudo sonámbulo de espera
flotan solitarios los *deepak*
tiznan de humo la quilla de las barcas
desaparecer desaparecer
copulan los insectos en el aire
la furia de la lluvia el hierro peregrino que
trae árboles del norte entre las aguas
desaparecer desaparecer
el Ganga formidable que interroga
a un hombre a dos a todos
desaparecer desaparecer
la noche castiga con sus brillos
desaparecer desaparecer
pedazos de muerte flotando entre los troncos.

XXIV

No es tu cuerpo el que se quema en esta pira
no es tu cuerpo sino el de un desconocido
lo adopto bajo el cielo para darle tu nombre
en otro rito
decirte adiós con la dignidad de la madera
la impregnación de tu palabra ahora en el aire
la luz de tu misterio en mis oídos
el crepitar del fuego como consolación de la partida
saber más de la muerte en tierra extraña
y del agua sagrada en mi saliva que recogerá estos restos
río para ti en este otro cuerpo
como el hada que llega anticipada de los cuentos
quiero creer que en este culto me redima
pero no impide el dolor la caridad que engaña
decirte adiós en la dignidad de otra frontera.

XXV

La voz de la tarde es *Ganga Aarti*
ribera de un instante que perfilan las flores
engulle el río la muerte sabor de unas cenizas
        precipitándose al vacío
acompaña al solsticio su anaranjada llama
el silencio en las voces la soledad que canta
eso que habla del amor y que nos dice
se lo lleva la bestia del agua
¿Acaso perder la inocencia justifica la melancolía?

XXVI

Camino para enfrentar rapiñas
poder sostener la mirada de los cuervos
galopar entre los labios el adiós
la vieja la libertad del calendario
y esos trenes ajenos como caballos
purasangre
livianos como las constelaciones en el
cielo hacia ninguna parte
ya no hay más al otro lado del océano
la verdad de tu nombre manchado
de la culpa
tu partida hacia un hombre el padre
abandonado
en el vapor del alba robándote los sueños
dormirte era tu anhelo la alegría
la partida la daga que grabara tu memoria
madre en las alturas que no virgen
mi deseo
frente a este sino que nunca perdonaras
las caricias los besos
una espada que atravesó tu rostro siempre
ahora que no estás se diluyen los miedos
Ahora en orfandad te siento libre
en este río turbulento entre este fango.

XXVII

Abraza la calima de la noche en Calcuta
agujeros de luna en los nenúfares
la memoria que engaña la piel que me
castiga
como animal empedernido la palabra que
insiste
un recuerdo fugaz viene en ayuda
un gesto tuyo de niña en mis pupilas
acaricia el rocío
se vuelve entonces serena la orfandad.

XXVIII

Calienta la lumbre de una tierra que no me pertenece
la que fue mía te la llevaste pegada a la madera
el día de tu muerte
el día que por primera vez me apresaran tus ojos
quimera de la vida que ahora pago
hay en las esquinas de tu tiempo la alianza imposible
de una voz vagabunda
la lengua de los otros la vacía la tuya
y aquella que me diste tan ajena sin piedad ni cordura
sellando para siempre nuestro encuentro
hoy te digo adiós madre y en esta
tierra desconocida me despido.

XXIX

Iracundos de historia rugen los leones
decir de la verdad que está grabado
testimonio el vacío escritura en la piedra
su enorme salto
y digo sí a lo desconocido de la lengua
y digo amor a lo desconocido de tu cuerpo
a la palabra oculta que navega el deseo
a la muerte que acecha también la realizada
y yazco entre sus fauces esta tarde en
Sarnath
donde bendicen las estrellas la miseria
entre sus fauces
la enorme brevedad de mi destino

A LAS ONCE Y MEDIA DE LA VIDA

Para Mia

Cuando la altivez de las altísimas y limpias
cristaleras del siglo declinen corredores sin pasado,
pulsa relojes tiernos
no temas desconocer el olor inconfundible de este
nuevo milenio que ya no se nutre del olvido primero.
Sospecha siempre de la palabra sola que auspicia la
cordura para evocar la lucidez que cree saber sobre
los cuerpos.
Esa pedagogía encorsetada de aquellos que no se
atreven con lo insensato del poema que traza una vida.
No dudes de la boca infantil, ajena todavía y
estremécete ante las otras bocas que ya saben del
deceso del amor.
Estate atenta al cuchillo anticipado que abre
caminos a pesar de la herida y no dejes de admirar
sus mapas. Querida niña
juega la partida y no temas tus cartas en el círculo
de sombras también frágiles que escapan del acero.
Escribe niña preciosa tu letra silenciosa y arma en
su vacío tu nombre en nombre de un amor que no
asemeje su lazo a la caridad ni haga del deber la
expiación de su destino.
Despójate del mandato infernal, a la hora posible,
noche y día.
Y ríe, ríe en los resquicios y respira la plenitud de ese
escenario Otro, que forjen tus manos.

NOTA BIOGRÁFICA

María Navarro, Buenos Aires 1954, reside en la ciudad de Málaga desde 1965. Escritora, psicoanalista y directora editorial de Miguel Gómez Ediciones. Licenciada en Filosofía y Letras por la Universidad de Granada y Miembro de la Escuela Lacaniana de Psicoanálisis y de la Asociación Mundial de Psicoanálisis. ☪ De su obra poética ha sido publicado: *Detrás de las ventanas. Cuentos para Baltasar* (Litoral-Poesía, 1989), *La voz escrita* (Devenir, 1993), *En esta costa noble de azules asesinos* (Miguel Gómez Ediciones, 1996), *Invitación irrevocable* (Centro de ediciones de la Diputación de Málaga [Cedma], col. Puerta del mar, 2003), *Tripulación* (Centro Cultural de la Generación del 27, col. Castillo del Inglés, 2007), *Sospecha de la luz* (Miguel Gómez Ediciones, 2014), *Reding interior* (Litoral, col. Náufragos, 2019). ☪ Como ensayista, ha publicado: *Lacan en la orilla. Apuntes sobre psicoanálisis y poesía* (Miguel Gómez Ediciones, 2023). ☪ Como antóloga, ha publicado: *Argentina: poesía y arte contemporáneos* (edición y selección, *Litoral*, 243, 2007), *La locura* (edición, *Litoral*, 263, 2017). ☪ Sus poemas están incluidos en varias antologías: *Poema del arco nocturno (9 poetas)* (Colección Aben Humeya, 1983), *Litoral femenino: Literatura escrita por mujeres en la España contemporánea* (*Litoral*, 169-170, 1986), *Pablo Neruda: Navegaciones* (*Litoral*, 189-190, 1991), *Mujeres y café* (Ediciones Torremozas, 1995), *El deseo de la palabra* (V Encuentro de Mujeres poetas, 2000), *Ilimitada voz. Antología de poesía española 1940-2002* (Universidad de Cádiz, 2003), *Mujeres que sueñan* (edición de Jesús Aguado, Cedma, col. Puerta del Mar, 2007), *Poemas y poetas argentinos* (ed. de Noni Benegas,

Huerga y Fierro, 2013), *Babilonia* (Jácara editores, 2019). ℂ Artículos en ediciones monográficas: *Eros picassiano* (*Litoral*, 211-212, 1996), «Duras más allá de Duras. Sujeto, amor, escritura y verdad» (*La página*, 45-46, 2001), «El cine de la escritura o Marguerite Duras», (*Litoral*, 236, 2003), «El lugar del humo» (*Litoral*, 246, 2008), «Psicoanálisis y poesía (el saber hacer de los poetas)» (*Colofón, revista del ICF*, 2002). ℂ Otras publicaciones: *El juego de ojos (acerca de la pintura de Diazdel)*, (Ediciones la Dragona, Málaga, 1991), *Oráculos del agua (Villanueva del Trabuco)*, *Anuncio de espigas (Alameda)* y *La luz en la planicie (Mollina)* (Cedma, colección La mirada del tiempo, 2009).

ÍNDICE

I 9

II 11

III 12

IV 13

V 15

VI 16

VII 17

VIII 18

IX 19

X 21

XI 22

XII 23

XIII 24

XIV 25

XV 26

XVI 27

XVII 29

XVIII 30

XIX 31

XX 32

XXI 33

XXII 35

XXIII 36

XXIV 37

XXV 38
XXVI. 39
XXVII 41
XXVIII 42
XXIX. 43
A las once y media de la vida 45

Leones en Sarnath
de María Navarro,
compuesto en caracteres Meta y Trajan,
se terminó de imprimir en los talleres
Podiprint de Antequera el DJ 2.460.437

ÆREA | *Carménère*

PENSAR / MENTIR

Moritz Fritz

Pensar / Mentir

E861 Fritz, Moritz
F   Pensar / Mentir / Moritz Fritz.-- Riells
        i Viabrea : RIL editores-Ærea | Carménère,
        2025

        84 pág. ; 23 cm.

        ISBN: 978-84-10248-77-9

        1 POESÍA ESPAÑOLA. 2 LITERATURA ESPAÑOLA.

ÆREA | *carménère*

Serie fundada por Eleonora Finkelstein y Daniel Calabrese
Edición al cuidado de Paco Najarro

PENSAR / MENTIR
Primera edición: octubre de 2018
Segunda edición: octubre de 2025

© Lorena Esmorís Galán, 2018

© Ærea, 2025

Un sello de RIL® editores
SEDE SANTIAGO DE CHILE: Los Leones 2258 • CP 7511055 Providencia
☽ (56) 22 22 38 100 • ril@rileditores.com • www.rileditores.com

SEDE VALPARAÍSO • valparaiso@rileditores.com

SEDE ESPAÑA • europa@rileditores.com

Maquetación y diseño: RIL® editores
Diseño de colección: Marcelo Uribe Lamour
Imagen de portada: Lorena Esmorís Galán

Impreso en España • *Printed in Spain*

ISBN: 978-84-10248-77-9
Depósito Legal: B-23242-2018

Moritz Fritz

Mullo la roca,
mullo la capa de hielo,
mullo el farallón,
mullo la grava del abismo
y me lanzo
sin plumas,

como un cometa.

Pensar / Mentir

(pens₁)   [pensar]
(ment₃)   [mentir]

$(\text{pens}_1)^1$ [pienso]

$(\text{ment}_3)^2$ [mientes]

$(\text{pens}_1)^4$ [pensamos]

$(\text{ment}_3)^{-6}$ [mintieron]

$(\text{pens}_1)^{+1}$ [pensaré]

$(\text{ment}_3)^{+3}$ [mentirá]

$(\text{ment}_3)^{-1}$ [mentí]

$(\text{ment}_3)^1$ [miento]

(ment_3) [mentir]

(ment_I) [mentar]

$[_{AU}(\text{ment}_I)]$ [aumentar]

(pens$_1$)	[pensar]
(prens$_1$)	[prensar]
(prend$_1$)	[prendar]
(prend$_2$)	[prender]
[$_A$(prend$_2$)]	[aprender]
[$_A$(prend$_2$)^1]	[aprendo]

(ment_3) [mentir]

(ment_1) [mentar]
(mont_1) [montar]

$(\text{mont}_1)^6$ [montan]

$[(\text{mont}_1)^6{}_{-A}]$ [montaña]

(pens$_1$)   [pensar]

(pen$_1$)   [penar]
(ped$_3$)   [pedir]
(pod$_1$)   [podar]

[$_A$(pod$_1$)]   [apodar]

(ment$_3$)   [mentir]

[(ment)$_E$]   [mente]

[$_{DE}$(ment)$_E$]   [demente]

(pens$_1$)   [pensar]

(pen$_1$)   [penar]
(ped$_3$)   [pedir]
(pod$_1$)   [podar]

(pod$_2$)   [poder]

(pod$_2$)[1]   [puedo]

$[(pod_2)^I (pens_I)]$ [puedo pensar]

$[(pod_2)^I (ment_3)]$ [puedo mentir]

(ment_3) [mentir]

(ment_1) [mentar]

$(\text{ment}_1)^1$ [miento]

(pens_I) [pensar]

$[(\text{pens}_\text{I})_{\text{-R}}]$ [pensa]

$[((\text{pens}_\text{I})^\text{I})_{\text{-SO}}]$ [pien]

(ment_3) [mentir]

$(\text{ment}_1)^3$ [mienta]
$(\text{ment}_3)^3$ [miente]

$[((\text{ment}_3)^3)_{\#2}]$ [mi ente]

$[((\text{ment}_1)^6)_{\#4}]$ [mien tan]

$[((\text{ment}_3)^{+4})_{\#5}]$ [menti remos]

$(\text{ment}_I)^3 \, (\text{pens}_I)^I$ [mienta] [pienso]

$[((\text{ment}_3)^3)_{\#2} \, (\text{pens}_I)^3]$ [mi ente piensa]

$[((\text{ment}_3)^3)_{\text{-ENTE}}]$ [mi]

$[((\mathrm{ment}_3)^3)_{\text{-ENTE}} [(\mathrm{pens}_1)_{\text{-R}} (\mathrm{ment}_3)^1] (\mathrm{pens}_1)^3]$
[mi pensamiento piensa]

$[((\mathrm{ment}_3)^3)_{\#2} (\mathrm{ment}_3)^3]$
[mi ente miente]

(pens_1) [pensar]

(pens_2) [penser]

(ens_2) [enser]

(s_2) [ser]

$(\text{s}_2)^1$ [soy]

$[(s_2)^I [(pens_I)_{-R} (ment_3)^I]]$ [soy pensamiento]

$[(s_2)^I [(ment_3)_A]]$ [soy mentira]

$(pod_2)^I$ [puedo]

$(pens_I)^I$ [pienso]

$(ment_I)^I$ [miento]

$\neg(s_2)^I$ [no soy]

$(\text{pens}_1) / (\text{ment}_3)$

(pens$_I$)

Pensar
destejer la prenda en un ovillo
y obviar su combadura.

(ment$_3$)

Mentir
lo tallado con un basto cincel
dando a la forma espesura de fondo,
arborescente hechura caduca
en tentativa perenne,
en verboso bosque
de olor plástico.

$(\text{pens}_1)^1 \ (\text{ment}_3)^2$

picudo
buril

emética
tenaza
intelectual

pienso

conjeturas
febrífugas

crónicas
nociones
desabridas

lacerantes

¿mientes?

$(\text{pens}_I)^4$

Con la conciencia hipnotizada,
tras la masa de lenguaje que suspendida oscila
hasta su máxima desviación,
en falso vuelo,
en pendular condena
cogitamus, ergo...

Mentimos.

$$(\text{ment}_3)^{-6}$$

No mintieron los sentidos,
no erraron el mensaje
vuestros nervios,
entrenados antes de ser estrenados.

Postrero
el engaño acaece:
ningún trueno adelanta
a la luz.

$(pens_I)^{+1}$

Razón errante,
pensaré sin ti la complejidad de lo más íntimo,
el vuelo a ras de cuanto deseo
despojar del yerto tacto
que
sin ademán de violencia
se extingue.

$$(\text{ment}_3)^{+3}$$

Mentirá
si al régimen líneo
obstina la lógica
su rigor.

Si mata.

$(\text{ment}_3)^{-1}$

Por ser verdadero,
mentí.
Arrugué el haz de cristal
opacando su limpidez,
templando su gélido roce
con utopías
incandescentes.

$(\text{ment}_3)^1$

Campante poder,
pretencioso muro de falso techo
sobre fino macadán óseo.
Es la humana merced tu semilla.
Miento.
Será tu pan envenenado.

(ment$_3$) (ment$_I$) [$_{AU}$(ment$_I$)]

Mentir
al mentar
al colocar los límites uno tras otro
y aumentar el dolor de lo no dicho
con desvelos como instintos afilados.

Mentar
al mentir
al ladear la creencia
y acomodar la prisa a ritmo de vals
con el vals a ritmo de tren.

$(\text{pens}_1)\ (\text{prens}_1)\ (\text{prend}_1)\ (\text{prend}_2)$

Pensar.
Prensar el antojo hasta que desprenda su hollejo,
hasta prendar-se de su luz artificial.

Espejismo de lo dado, de lo no elegido,
revelación unánime de nuestra sed
por prender llama sobre lo ignífugo.

[$_A$(prend$_2$)]

Por aprender
vendí mi caballo,
arranqué los clavos de su herradura
y oxidé las heridas.

$[_A(\text{prend}_2)^{\text{I}}]$

Arrocinado,
ensayo galopes sostenidos
a lomos de jumentos ilustres
que solo practican la ambladura.

Embridado aprendo, balbucean,
agitando la fusta entre los dientes.

(ment$_3$) (ment$_1$)

.

Desaparece el rostro
tras mentir,
tras mentar la sombra de lo que no tiene cuerpo,
la esquina doblada por el interés
que se apresura en llegar tarde.

Prevenida,
la máscara gesticula la mueca
de la sonrisa de Duchenne.

(ment_3) (ment_1) (mont_1)

Mentir.
Mentar.
Montar.
El lenguaje cabalga,
sin jinete ni caballo,
a lomos del deseo.

$(\text{mont}_I)^6 \; [(\text{mont}_I)^6{}_{-A}]$

Sobre embustes
se montan los castillos de piedra,
las catedrales de granito y mármol,
los bustos de los vencedores.

Sólidos son los cimientos
de lo más pesado.

A la montaña
nadie le discute la altura,
ni la crueldad de su cima.

$(\text{pens}_\text{I})\ (\text{pen}_\text{I})\ (\text{ped}_3)\ (\text{pod}_\text{I})\ [_\text{A}(\text{pod}_\text{I})]$

Pensar fue penar,
extraviar los significados en la turbulencia,
en la agitación de lo sobrevenido;
arrastrar los astros
en revoluciones imaginarias.

Pensar fue pedir
a la noche
la refracción de la aurora,
el ángulo de tiro perfecto
para una bala perdida.

Pensar fue podar lo existente,
hacer del bosque un árbol solo,
sin ramas, sin raíces,
sin corcho donde flotar la brújula.

Pensar fue
apodar lo polisémico,
achicar el diccionario hasta drenar la presa
y leer
en sus paredes
colonias de líquenes
en grafitis putrefactos.

(ment$_3$)

Sin convicción,
sin bosquejo ni cálculo,
sin cariz teleológico,
sin recompensa empírea,
sin compromiso traicionado,
sin necesidad
empezarás a mentir,
sin un bien mayor,
sin pretexto,
por una mundana
providencia.

[(ment)$_E$] [$_{DE}$(ment)$_E$]

No cabía una nave que surcara el océano.

No cabía
la redondez de la Tierra,
ni un astro inmóvil.

La inocencia no cabía;
ni el injerto,
ni el sufragio universal.

Ni el libre albedrío
en su mente cupo,
criatura ensimismada
en estricta oquedad ósea.

Topo volador implume.

Tantos cráneos partidos
hasta hacer hueco,
hasta incrustar proa y mástil,
bípedo demente,
en oscuro tránsito
hacia la técnica.

(pens$_I$) (pen$_I$)

Para pensar, la aurícula izquierda.
Para penar, la derecha.

La sangre derramada late
en las sienes de los verdugos,
en el pulso de quienes acatan
las maniobras más convenientes.

Sin pulmones
queda el aire comprimido,
y el futuro,
disparado sobre un blanco
de esmalte gules.

(ped$_3$)

Tu corazón ya no piensa desde el antiguo Egipto.
Alguien lo atragantó de balasto
antes del juicio de Osiris.

La balanza no miente,
miente la pluma que no sabe pesar
el músculo pétreo
que atraviesa la historia,
el continente, como el Nilo.

Pedir la crecida.
Pedir un delta a mitad de desierto.
Pedir la semilla del loto
y germinar en ti,
centurias después,
con un latido de piedra.

(pod$_1$)

Quiso podar el azul violáceo,
recortarlo hasta donde
la combustión no quema,
como si fuese posible
engañar al fuego,
y devolver al carbón
la fotosíntesis.

No pensó en la llama,
en su flameante porte,
ni en su descendencia sonora.

Su cuerpo entero ardía
por evitar la quemadura.

$(\text{pod}_2)\ (\text{pod}_2)^1$

Desliza la soga,
deshaz el nudo que te ata,
suelta viva a la presa.

En tus manos se delinea una vida
que no es la tuya
que nada sabe de ti.
Si respondes a la repetición
su poder te prende.

Suelta el nudo que te ata,
deshaz la soga,
que la presa viva se deslice
lejos de tus manos,
de la repetición del puedo,
de la línea que todo lo sabe
de ti.

$$[(\text{pod}_2)^{1} (\text{pens}_1)]$$

Si hay lenguaje,
hasta el silencio es paragógico,
hasta el vacío.

Puedo pensar
y ajusto el calibre de las palabras,
su curvatura,
hasta matar el nervio.

Arranco la costra de las sentencias,
golpeo el sentido en su costado,
asfixio las etimologías
y descubro
cómo se desangran las imágenes.

$[(\text{pod}_2)^{\text{I}} \, (\text{ment}_3)]$

Puedo mentir
cuando creo decir la verdad,
cuando sé que lo que digo es cierto,
cuando pienso que tengo razón.

Puedes mentir
para cumplir nuestra promesa
y consumar el pacto.

Pueden mentir
por librar del error el juicio,
por inducir al acierto,
por avalar el original.

Sin imperativos
las doctrinas trastabillan.

(ment$_3$)

Finge el cuerpo
el peso que no carga,
la enfermedad que no sufre,
la pena que no expía.
Enarbola,
inhumana, la libertad.

Ensaya el hueso en el músculo;
la víscera, en cada uña;
el ser, en el envoltorio de plástico.

Mentir nunca fue tan difícil.

(ment$_I$) (ment$_I$)[1]

Al escarmentar, escarmiento.
Al lamentar, lamiento.
Al atormentar, atormiento.

Al fermentar, fermiento.
Al alimentar, alimiento.
Al condimentar, condimiento.
Al salpimentar, salpimiento.

Al aumentar, aumiento.
Al fragmentar, fragmiento.
Al sedimentar, sedimiento.
Al pavimentar, pavimiento.

Fomiento, al fomentar.
Documiento, al documentar.
Juramiento, al juramentar.
Sacramiento, al sacramentar.

Al mentar, miento.

(pens$_I$)

re
com
pensar

el río arremolinó los peces en asamblea
amontonó el destino en un círculo
cuyo fondo se estrangula

com
pacto
re
vuelto

ausente albur
en turbia corriente que no desemboca

$$[(\text{pens}_I)_{-R}] \; [((\text{pens}_I)^I)_{-SO}]$$

re
pensa
do

sol

invocas la fuga del batracio
ganas pulmón y das el tumbo
que abandonará la virulenta rueda
en nefasta línea futura

sa   pien   cial

(ment_3)

opacar lo cierto
nublar el cielo con fuego extinto
predicar destello en la materia oscura

envenenar la fuente
(intro)mentir

$(ment_I)^3$

¿Dónde, lo único, se clasifica?

Herrar lo irrepetible nos deporta
a pensamientos forzados.

Sobre un cable de acero
avanza y retrocede ciega
la lógica.

¿Quién mienta el torbellino?

¿Qué funámbulo sacrifica la gramática?

$(\text{ment}_3)^3 \ [((\text{ment}_3)^3)_{\#2}]$

Del agua,
la temperatura;
del instinto,
su arteria;
del color,
el mundo.

Vidente ente que miente,
mi ente.

$$[((\text{ment}_{\text{I}})^6)_{\#4}]$$

lo sabes
el ciclo no exceptúa
aunque te remontes
aunque ofrezcas resistencia
aunque profeses el torbellino
la noria elonga tus límites
tus necesidades
hasta un vértigo tribual
depurado en costumbre

mien
          tan
tien
          tan

ren
          tan

el ciclo no exceptúa

$[((\text{ment}_3)^{+4})_{\#5}]$

Mentí
y a la sal llevé mi boca
en la conservación de la sed.

El mundo apremia en la falta,
extrae el caucho y nos impermeabiliza.

Lejos, rebotan los males como moléculas.

Urgentes, los remos golpean su sepulcro.

$(\text{ment}_{\text{I}})^3$

Mineral y untuosa sombra humana.

Médula de lápiz afilada al bisturí,
tú,
orgullosa astilla,
te deshaces sobre el papel.

El peso apenas importa,
solo la inclinación,
lo que nadie mienta y nos persigue.

La pérdida se arrastra con delicadeza
si se nace de grafito.

$(\text{pens}_I)^I$

en cuclillas
de bisel
sin perspectiva
pienso bagatelas
zurzo calcetines
observo invertebrados
hago luz de mi sombra
trazo caminos con migajas
justifico lo que otro hizo
invento un presente
cargo con toda la culpa
empeño la condena
castigo las articulaciones
respiro con dificultad

$$[((\text{ment}_3)^3)_{\#2} (\text{pens}_1)^3]$$

[...]
devanarse sin eje
a una escala infralingüística
hasta generar grava en la membrana del pensamiento
hasta incomodar la marcha lógica
hasta tropezar con la escuela
hasta desconfiar del deseo

hasta desacatar
nuestra propia ley

$[((\text{ment}_3)^3)_{\text{-ENTE}}]$

aun para un ente de razón
sostenido
el mi cansa

$$[((\text{ment}_3)^3)_{\text{-ENTE}} [(\text{pens}_I)_{\text{-R}} (\text{ment}_3)^1] (\text{pens}_I)^3]$$

sa

misa

pensa

sasa

miensa

tosa

piensa

[En misa, pan de tosa, de tallo largo, de espiga mocha. Así
piensa.]

pien

mipien

penpien

sapien

mienpien

topien

sapien

[El Homo sapien sapien.]

to

mito

pento

sato

miento

piento

sato

[To! No es un mito. El trigo crece en el sato. No miento.
Tendrás tu sato.]

mien

mimien

penmien

samien

tomien
pienmien
samien
[...]
sa
misa
pensa
miensa
tosa
piensa
sasa
[Quien a misa vaya, que tosa. Así piensa.]
pen
mipen
sapen
mienpen
topen
pienpen
sapen
[Con ellos topen.]
mi
penmi
sami
mienmi
tomi
pienmi
sami
[Mi pensamiento piensa.]

$$[((\text{ment}_3)^3)_{\#2} \, (\text{ment}_3)^3]$$

Mi ente
miente.
Tu ente
tuente.
Su ente
suente.
Nuestro ente
nu es troente.
Vuestro ente
vu es troente.
Su ente
suen te.
Ente mío
míoente.
Ente tuyo
tu yo ente.

Allí
en tu yo ente
mi ente
ente mío
miente.

Allí
en tuente
nu es troente.

$(\text{pens}_1) \, (\text{pens}_2) \, (\text{ens}_2) \, (\text{s}_2) \, (\text{s}_2)^1$

Pensar el enser es penser.
Penser el enser es ser.

Para ser, el enser ha de llegar a penser.
El enser para ser ha de pensar el enser.

Solo cuando el enser llega a penser
puede el enser ser.

Solo cuando el enser llega a penser
dice el enser: soy.

$$[(s_2)^{\text{I}} \, [(\text{pens}_{\text{I}})_{\text{-R}} \, (\text{ment}_3)^{\text{I}}]]$$

Soy pensamiento
No soy pensamient
Soy pensamien
No soy pensamie
Soy pensami
No soy pensam
Soy pensa
No soy pens
Soy pen
No soy pe
Soy p
No soy
So
No s
S
No so
Soy
No soy p
Soy pe
No soy pen
Soy pens
No soy pensa
Soy pensam
No soy pensami
Soy pensamie
No soy pensamien
Soy pensamient
No soy pensamiento

$$[(s_2)^1 [(ment_3)_A]]$$

No soy mentira
Soy mentir
No soy menti
Soy ment
No soy men
Soy me
No soy m
Soy
No so
S
No s
So
No soy
Soy m
No soy me
Soy men
No soy ment
Soy menti
No soy mentir
Soy mentira

$(\text{pod}_2)^1$ $(\text{pens}_1)^1$

puedo
pienso
puedo
pienso
pienso
puedo puedo
puedo
si pienso puedo
si pienso
si puedo pienso
pienso pienso
puedo
yo puedo
puedo
si pienso yo pienso
si pienso
yo puedo si pienso
puedo si puedo si pienso
si no pienso puedo
si no lo pienso puedo
puedo no puedo lo pienso
si no puedo por qué lo pienso
si puedo por qué no lo pienso
hoy puedo
no puedo no no
lo pienso
me lo pienso
no me puedo
¿y si no puedo?
si no pienso

si no lo pienso no lo pienso
¿y si lo pienso y no lo pienso?
¿puedo?
no puedo
no
no es lo que pienso
es lo que puedo
lo que puedo no lo pienso
no pienso en lo que puedo
si al fin puedo
¿y si no lo pienso al fin?
no puedo
lo pienso
es tu pienso
es mi pienso el fin si lo pienso
¿y si no?
no
sí lo es
sí pienso sí
puedo
al fin
en fin
por fin puedo
por fin pienso el fin
no es que puedo
es que pienso
es que lo pienso
en fin
puedo y pienso
en mi fin
en tu fin
en el fin
sí
al fin puedo

y lo pienso
lo pienso

y no puedo
no
no puedo
no lo puedo

(ment$_I$)[1]

El hueso calla.
Cede palabra a la fractura.
La fractura calla.
Cede palabra al golpe.
El golpe calla.
Cede palabra al gesto.
El gesto calla.
Cede palabra al grito.
El grito calla.
Cede palabra al pensamiento.
El pensamiento calla.
Cede palabra al miedo.
El miedo calla.
Cede palabra al dolor.
El dolor calla.
Cede palabra al hueso.
El hueso crece.
Cede dolor al miedo.
El miedo crece.
Cede dolor al pensamiento.
El pensamiento crece.
Cede dolor al grito.
El grito crece.
Cede dolor al gesto.
El gesto crece.
Cede dolor al golpe.
El golpe crece.
Cede dolor a la fractura.
La fractura duele.

El hueso calla.

El dolor crece.

Miento el golpe,
cede.

La palabra calla.

$\neg(s_2)^1$

No soy lo que pienso.
El abismo que atraviesa este cuerpo no se llena con palabras,
su sima nadie la conoce,
ni siquiera yo, que percibo al tacto su templada hechura.

El origen se extravió en el estante de las utopías.

No soy lo que peno.
El dolor se extiende más allá de esta carne
que se debilita, universalmente.
Él encarna la omnipotencia, la infinitud.
Él humilla
a un *logos* que rumia una música mediocre.

No.
Soy lo que pienso.
Las palabras acunan ideas que gatearán como imágenes.
Y viceversa.
Y viceversa si versa.
Y viceversa de viceversa.

Entre el Todo y la Nada no hay esguince posible.

El cráneo opaca la incidencia de otra luz,
y la rueda que su curvatura esconde.
Es la harina de mi costal
grisácea huella
a la zaga de algún pensamiento.

Una leve brisa o la lluvia

y la ceniza se extingue.

No.
Soy lo que peno.
El latido duele, pero se olvida.
La circulación de la sangre duele, pero se olvida.
La digestión duele, pero se olvida.
La vibración del tímpano duele, pero se olvida.
La liberación del sudor duele, pero se olvida.
Duelen las palabras.

Duele pensar, cuando se olvida.

Este libro se terminó de imprimir
en octubre de 2025

RIL® editores • España

europa@rileditores.com

Se utilizó tecnología de última generación que reduce el im-
pacto medioambiental, pues ocupa estrictamente el papel
necesario para su producción, y se aplicaron altos estánda-
res para la gestión y reciclaje de desechos en toda la cadena
de producción.